L'invitation

Jennifer Degenhardt

cover & interior art by
Spencer Stickles

edited by
Françoise Piron

For Lorraine, Gavin and Roberto. Thank you for allowing me to share this sweet story.

TABLE DES MATIÈRES

REMERCIEMENTS

In the early spring of 2023, I had the opportunity to visit the Spanish teachers at Ichabod Crane High School in Valatie, New York. It was while talking with one of the teachers, Lorraine Warner, about the demographics of the area in general, and her students in particular, that she recounted the story that is told here – a story as beautiful as it is simple. Upon my return home, I immediately began writing with Lorraine, her son Gavin, and Robert in mind. Thank you for telling me the story and allowing me to share it.

While I tackled the translation of the story myself from Spanish to French, Françoise Piron is responsible for making this story as comprehensible and grammatically correct as it is. Not surprisingly, my French needs a bit of fixing up! *Merci de m'aider Swaz – toujours.*

A huge thank you to Spencer Stickles who did the artwork for the original Spanish version and who then made the appropriate changes in his illustrations for this one. Spencer is not only a talented artist, but also a wonderful collaborator! *Merci, Spencer !*

i

Prologue
lundi matin

—Maman, mon anniversaire est samedi.

—Oui, Gavin. Ton anniversaire est samedi. Tu veux une fête ? demande sa mère.

—Oui ! Je veux aller au centre commercial et au cinéma, dit Gavin.

—Bonne idée.

Chapitre 1
Gavin
lundi à l'école

Je suis très content. Mon anniversaire est samedi. Je veux une fête. Je vais organiser une fête. Je vais inviter mes amis.

Un de mes amis est Robert. Nous sommes ensemble à l'école.

—Salut, Robert.

—Salut, Gavin. ç va ? demande Robert.

—Ça va très bien, je lui dis. C'est mon anniversaire samedi.

—Super !

Robert a un ballon de foot. Robert a toujours un ballon de foot. Robert aime le foot. Non, Robert adore le foot. C'est son sport préféré.

—Gavin, on va jouer pendant la récré[1] ? demande Robert.

—Oui, Robert. On va jouer au foot pendant la récréation, je lui dis.

—Mais d'abord on va au cours de français, dit Robert.

---

[1] la récré/la récréation : recess.

—C'est un cours facile pour toi, je lui dis.

—Ha, ha ! Ouais, c'est facile, dit Robert.

Chapitre 2
Robert
lundi à l'école

Il y a une classe avant la récré. Pendant la récréation je vais jouer au foot avec Gavin.

Gavin est mon ami. Il aime le foot, mais moi, j'adore le foot.

On entre dans la classe de français. La prof, Madame Sabine, dit :

—Bonjour, classe. Aujourd'hui on va parler de culture. Classe, qu'est-ce que c'est, la culture ?

Il y a une image au tableau et une explication:

La culture est le mode[2] de vie d'un groupe de personnes qui partage des croyances[3] et des coutumes semblables[4].

—On a un projet à faire en classe aujourd'hui. On va travailler en groupes de deux : un élève qui a de la famille originaire de l'état de New York et un élève qui a de la famille d'un autre pays.

Immédiatement, je dis à Gavin :

---

[2] mode : way.

[3] croyances : beliefs.

[4] semblables : similar.

—On travaille ensemble ?

—Oui, Robert. On peut travailler ensemble.

La prof parle du projet :

—Tout le monde va explorer sa culture.

Voici l'information nécessaire :

- les langues
- les traditions
- les métiers[5]
- les vêtements (et les marques[6])
- les activités culturelles
- la nourriture
- les festivals
- les jours fériés
- les sports
- la musique

---

[5] métiers : jobs.
[6] marques : brands.

La prof nous donne une feuille de papier avec un graphique.

SPRING VALLEY

GÉOGRAPHIE	EXEMPLE : SPRING VALLEY EST DANS LE COMTÉ DE ROCKLAND. OÙ ? QUOI ?
CLIMAT	EXEMPLE : SPRING VALLEY A QUATRE SAISONS: LE PRINTEMPS, L'ÉTÉ L'AUTOMNE ET L'HIVER CONDITIONS MÉTÉO ?
TRAVAIL	EXEMPLE : BEAUCOUP DE PERSONNES TRAVAILLENT DANS UN HÔPITAL. QUI ? OÙ?
ACTIVITÉS	EXEMPLE : BEAUCOUP DE PERSONNES AIMENT JOUER AU PARC. QUOI ?
POPULATION	EXEMPLE: LA POPULATION DE SPRING VALLEY EST DE 33,000 PERSONNES NOMBRE D'HABITANTS ?

Robert se dit: « Ce projet est facile. Je vais poser des questions à mes parents et à mes tantes. C'est facile, mais... j'ai une question ».

—Prof, l'information est personnelle. Pourquoi on travaille en groupe ?

—Bonne question, Robert. On travaille en groupe parce qu'on va comparer les cultures : on va étudier les éléments similaires et les éléments différents.

—Ah, OK. Merci.

On va travailler toute la période sur ce projet.

Chapitre 3
Gavin
mardi matin, chez Gavin

—Maman, je veux inviter cinq (5) garçons à ma fête, je dis à ma mère.

—Cinq ? C'est bon. Tu vas inviter Devin, Grant, Isaac, Myles et…

—Et un de plus, maman. Je veux inviter Robert, je dis.

—Robert ? Qui est Robert ? demande ma mère.

—Robert est mon ami.

—Oui, il est ton ami. Il est nouveau à l'école ?

—Oui, cette année. Sa famille vient d'arriver[7] à Spring Valley. Robert aime beaucoup le foot.

—Bon. Il faut que je contacte ses parents pour l'invitation. Est-ce que tu as le numéro de téléphone de sa famille ?

—Je vais demander.

---

[7] vient d'arriver : just arrived

Chapitre 4
Robert
mardi, pendant le cours de français

—Bonjour, classe, dit la prof Sabine. Ça va ?

—Ça va bien, merci, disent les élèves.

—On est quel jour ? demande la prof.

—Aujourd'hui c'est mardi.

—Quel jour est demain, demande la prof.

—Mercredi !

—Quelle est la date aujourd'hui ?

—C'est le 3 mai.

—C'est un mois spécial ? demande la prof.

Tout le monde dit:

—Oui ! C'est le mois de *Memorial Day*.

—C'est vrai. C'est le mois de *Memorial Day*. Est-ce qu'il y a un événement spécial cette semaine ?

Un élève dit :

—Il y a un match de baseball.

—Qui a un anniversaire en mai ? demande la prof.

Gavin lève la main et dit :

—J'ai mon anniversaire en mai.

—Très bien, Gavin. Félicitations.

Mon nouvel ami, Gavin, a son anniversaire en mai. Pour cette raison, c'est un mois important.

La prof dit :

—On va travailler sur le projet. D'abord, les élèves francophones vont écrire des phrases au tableau.

Je m'appelle Robert Benoit. J'ai (11) ans. Je suis un garçon. Je ne suis ni grand ni petit. J'ai les yeux marron et les cheveux noirs.

J'habite à Spring Valley, mais je ne suis pas de Spring Valley. Je suis d'Haïti.

Chapitre 5
Gavin
mardi à l'école

On travaille beaucoup dans le cours de français. Le projet est intéressant. On apprend toutes sortes de choses sur les personnes de la classe.

Robert est d'Haïti.

Une autre élève, Kelly, est de Spring Valley.

—Maintenant, les autres élèves vont écrire au tableau. Gavin, tu commences.

J'écris plusieurs[8] phrases au tableau:

Je m'appelle Gavin Warner. J'ai onze (11) ans, mais je vais avoir douze (12) ans en mai. Je suis un grand garçon. J'ai les yeux bleus et je suis blond.

J'habite à Spring Valley. C'est un village qui fait partie[9] de deux villes; les villes de Ramapo et Clarkstown, dans le comté de Rockland. J'aime Spring Valley. En réalité, j'habite à Clarkstown, la plus petite ville des deux. Clarkstown est près du fleuve[10] Hudson.

---

[8] plusieurs : several.

[9] fait partie : belongs to.

[10] fleuve : river that flows into a sea or ocean.

Après le cours de français, on a la récréation.
Hourra ! Je vais jouer au foot avec Robert.

Robert me dit:

—Gavin, est-ce que tu es prêt à jouer ?

—Bien sûr, je lui dis. Tu as le ballon ?

—Oui.

Robert dit encore :

—C'est ton anniversaire ce mois-ci ?

—Oui, cette semaine.

—Génial. Tu vas célébrer ?

—Oui. Je vais organiser une fête. C'est samedi.
Je veux t'inviter. Tu veux venir ?

—À une fête ? bien sûr. Merci.

—Ma mère veut appeler chez toi. Quel est ton
numéro de téléphone ?

Il y a un moment de silence…

—On n'a pas de téléphone, Gavin.

—OK. Pas de problème. Je vais parler avec ma mère. Ma mère peut passer à ton appartement pour venir te chercher[11].

—Bonne idée. Merci. On joue ?

—Oui. Jouons.

---

[11] pour venir te chercher : to pick you up.

Chapitre 6
Robert
mercredi après-midi à l'appartement

J'arrive à l'appartement avec mon sac à dos, et bien sûr, mon ballon de foot.

Dans mon sac à dos, il y a un crayon, des crayons de couleur, un stylo et un cahier.

—Salut, maman. Salut tante Bibiane. Salut, Ketia.

Ma tante Bibiane est la sœur de ma mère. Ketia est ma cousine.

—Salut, Robert. Ça va à l'école ? demande ma mère.

—Très bien. On a joué au foot pendant la récréation. Avec Gavin.

—Ah, oui ? Et tes cours ?

—Les cours, ça va bien. J'ai des nouvelles[12]. Gavin a son anniversaire samedi. Il m'invite à sa fête.

—Génial, dit Ketia. Où est la fête ?

---

[12] nouvelles : news.

—Je sais pas, je lui dis. Je vais demander à Gavin demain.

—Est-ce qu'une personne de la famille de Gavin peut venir te chercher ? Ton père doit travailler samedi.

—Je sais pas, je lui dis. Je vais demander à Gavin demain.

Chapitre 7

Gavin

mercredi après-midi à la maison

Je rentre de l'école. Ma mère est dans la cuisine.

—Salut, Gavin. Ça va à l'école ?

—Très bien. On a joué au foot avec Robert pendant la récréation.

—Ah, oui ? Que dit Robert de la fête ? demande ma mère.

—La famille de Robert a pas le téléphone. Mais il veut venir à la fête. Est-ce que ça va être possible ?

—Ça va être possible Je vais parler avec ta prof.

—Merci, maman. La fête va être super.

Chapitre 8
Robert
jeudi au cours de français

Je m'appelle Robert Benoit. J'ai onze ans. Je suis un garçon. Je ne suis ni grand ni petit. J'ai les yeux marron et les cheveux noirs. J'habite à Spring Valley, mais je ne suis pas de Spring Valley. Je suis d'Haïti.

—Bonjour, classe, dit la prof Sabine. Comment ça va ?

—Ça va bien, merci, disent les élèves.

—On est quel jour ? demande la prof.

—C'est jeudi !

—Et demain, c'est quel jour ?

—Vendredi !

—Quel est la date aujourd'hui ?

—C'est le cinq mai.

—C'est un jour spécial ? demande la prof.

Une élève dit :

—Oui ! C'est un jour de fête pour le Mexique.

—C'est le jour de l'indépendance ? demande une élève.

—Non, ce n'est pas l'indépendance. C'est l'anniversaire de la victoire des Mexicains contre les Français à la bataille de Puebla[13], dit la prof.

—Quoi ? dit un élève.

—Pourquoi on célèbre ça ? demande une autre élève.

—Bonne question, dit un autre élève.

La prof dit :

—OK, classe. Aujourd'hui on va comparer l'information de nos projets.

La prof me dit :

—Robert, tu vas partager ton information avec la classe.

Je partage mon information au tableau. C'est l'information sur la ville de mes parents :

---

[13] C'est l'anniversaire de la victoire des Mexicains contre les Français à la bataille de Puebla : It's the anniversary of the Mexican victory over the French in the Battle of Puebla.

Ma famille est originaire d'une ville en Haïti. La ville s'appelle Nan Contrée. Nan Contrée est près d'une rivière et près de la frontière. La rivière s'appelle Dajabón et forme une partie de la frontière entre Haïti et la République Dominicaine.

Je lis l'information à la classe.

La prof dit :

—Dans vos groupes, vous avez un graphique à compléter. Vous allez écrire les éléments semblables et les éléments différents entre Spring Valley et Nan Contrée, la ville de la famille de Robert.

Je suis très content. Je parle de mon pays et je vais à une fête.

Chapitre 9
Gavin
vendredi matin, un jour avant la fête, à la maison

C'est vendredi, seulement un jour d'école avant ma fête ! Ma mère me dit :

—Gavin, on va manger de la pizza au centre commercial avant d'aller au cinéma ?

—Oui, maman. Merci. J'aime la pizza.

—Je vais appeler la pizzeria avec la commande[14]. Combien de pizzas on doit commander ?

—J'ai toujours faim. Je veux une pizza pour moi tout seul et…

—Tu es très drôle. Vous êtes six (6) jeunes garçons. On va commander trois (3) pizzas.

—D'accord maman.

— Quelles sortes de pizzas tu veux ?

—Je vais demander à mes amis aujourd'hui.

—D'accord, Gavin.

---

[14] la commande : the order.

—Et maman, est-ce qu'on peut passer par l'appartement de Robert pour aller le chercher[15] ?

—Bien sûr, Gavin. On va passer par l'appartement de Robert avant d'aller à la pizzeria.

—Merci, maman.

C'est l'heure d'aller à l'école. Je vais demander à mes amis quelles sortes de pizzas ils aiment.

---

[15] aller le chercher : to pick him up.

Chapitre 10
Robert
vendredi matin, un jour avant la fête, à l'appartement

C'est vendredi. Demain c'est la fête de Gavin !
Demain je vais à la fête. Mais aujourd'hui je
dois aller à l'école.

Ma mère, ma tante et ma cousine vont être
chez nous toute la journée. Elles vont préparer
du pate kòde[16]. Je vais apporter du pate kòde
à la fête de Gavin demain. Le pate kòde est une
nourriture pour les occasions spéciales. La fête
de Gavin est une occasion spéciale.

—Robert, aujourd'hui on va préparer le pate
kòde. Tu voudrais quelle sorte ? demande ma
tante.

—Est-ce que tu veux de la viande hachée[17] ou
de la morue salée[18]? —demande ma mère.

—De la viande hachée, s'il te plaît. Tout le
monde aime la viande.

---

[16] pate kòde : savory pastry filled with spiced ground meat or
   salted cod.
[17] viande hachée : ground meat.
[18] morue salée : salted cod.

—Avec des épices[19]? demande ma tante. J'aime beaucoup les épices ! Miam[20] !

—Moi aussi, j'aime les épices. Mais je sais pas si Gavin aime…

—Ça va. On mettra pas[21] beaucoup d'épices, Robert.

Ma tante Bibiane est très sympa. C'est ma tante préférée. Elle prépare très bien le pate kòde.

—Merci, tante Bibiane. Merci de préparer le pate kòde pour la fête.

—De rien, Robert. C'est un jour très, très important pour toi.

—Tante Bibiane, c'est pas mon anniversaire !

—Non, mais c'est ta première fête.

---

[19] épices : spices.
[20] miam : yum!
[21] on mettra pas : we will not put.

Je prends mon sac à dos et je vais attendre l'autobus.

Chapitre 11
Gavin
samedi, le jour de la fête

C'est l'heure de ma fête. Je suis très content. Devin, Grant, Isaac et Myles vont être à la pizzeria du centre commercial. Mais d'abord, ma mère et moi allons à l'appartement de Robert.

—Maman, est-ce tu sais où est l'appartement de Robert ?

—Oui, Gavin. Il est au centre-ville de Spring Valley.

—D'accord.

On arrive à l'appartement de la famille de Robert. Je vais à la porte et je frappe[22].

Toc, toc !

Robert ouvre la porte, et il n'est pas seul. Il est avec sa mère, sa tante, ses frères et ses cousins.

—Salut, Gavin ! —dit la famille. Bon anniversaire !

—Eh, salut, je dis. Merci.

—Allons-y, Gavin, dit Robert.

---

[22] je frappe : I knock (on the door).

Robert et moi, nous allons à la voiture, où est ma mère. La mère de Robert marche aussi vers la voiture. Elle a une boîte[23] dans les mains.

—Bonjour, madame. Je suis la maman de Robert.

—Enchantée, dit ma mère.

—Merci d'inviter mon fils à la fête, dit la maman de Robert.

—De rien. C'était[24] l'idée de Gavin.

—Merci, Gavin, dit la mère de Robert. J'ai préparé[25] du pate kòde pour la fête.

—En Haïti, c'est une nourriture pour les occasions spéciales, dit Robert.

—Formidable, madame. Merci, dit ma mère. Gavin...

—Merci, madame. C'est très sympa.

---

[23] boîte : box.
[24] c'était : it was.
[25] j'ai préparé : I prepared.

Toute la famille de Robert est à la porte.

—Bon anniversaire, Gavin !

—Amusez-vous[26] bien !

Toute la famille de Robert est très sympa. Je suis très content pour ma fête.

Ma mère, Robert et moi disons « au revoir » et on va au centre commercial.

---

[26] amusez-vous bien : enjoy/have fun.

Chapitre 12
Gavin
chez lui après la fête

On rentre chez nous après la fête. On a mangé beaucoup de pizza et on a vu[27] un film de super-héros.

—Gavin, c'était bien la fête ? —demande ma mère.

—Je suis très content, maman. Merci. J'aime mes amis.

—C'est évident, dit ma mère.

—Et maman, merci d'avoir invité Robert. C'est un bon ami.

—Oui, c'est un bon ami.

—Et la nourriture que la famille a préparée[28] était[29] délicieuse, je dis à ma mère.

—Est-ce que tu veux écrire une note à la famille ? demande ma mère.

—Oui, maman. En français.

---

[27] on a vu : we saw.

[28] préparée : prepared.

[29] était : was.

Chère famille de Robert,

Merci à tous pour la délicieuse nourriture. J'aime le pate kòde.

GLOSSAIRE

A

à - to, at
(d')abord - first
(d')accord - okay
activités - activities
adore - love/s
ah - ah
ai - have
aime - like/s
aiment - like
aller - to go
allez - go
allons - go
ami(s) - friend(s)
amusez-vous bien - have fun
anniversaire - birthday
année - year
ans - years
appartement - apartment
appeler - to call
appelle - call/s
apporter - to bring
apprend - learn
après-midi - afternoon
arrive - arrive/s
arriver - to arrive

as - have
attendre - to wait
au - to/at the
aujourd'hui - today
aussi - also
autobus - bus
automne - autumn, fall
autre(s) - other(s)
avant - before
avec - with
avez - have
avoir - to have

B

ballon - ball
baseball - baseball
bataille - battle
beaucoup - a lot, much
bien - well
bleus - blue
blond - blond
boîte - box
bon/ne - good
bonjour - hello

C

c'/ça/ce - this
cahier - notebook

célèbre - celebrate
célébrer - to celebrate
centre commercial - mall
centre-ville - downtown
cette - this
chère - dear
chercher - to look for
cheveux - hair
chez - at the home of
choses - things
cinq - five
cinéma - cinema, movie theater
classe - class
combien - how many
commande - orders
commander - to order
commences - begin
comment - how
comparer - to compare
comté - county
conditions - conditions
contacte - contact
content - happy

contre - against
couleur - color
cours – class
cousine - cousin
cousins - cousins
coutumes - customs
crayon(s) - pencil(s)
croyances - beliefs
cuisine - food
culture(s) - culture(s)
culturelles - cultural

D
d' - of, from
dans - in, on
date - date
de(s) - of, from
délicieuse - delicious
demain - tomorrow
demande - ask/s
demander - to ask
deux - two
différente - different
différents - different
dis - say
disent - say
disons - say
dit - says

dois - must
doit - must
donne - gives
douze - twelve
drôle - funny
du - of, from the

E
école - school
écrire - to write
écris - write
eh - eh
éléments - elements
élève(s) - student(s)
elle - she
elles - they
en - in
enchantée - nice to meet you
encore - again
ensemble - together
entre - between
épices - spices
es - are
est - is
et - and
était - was
état - state
été - summer
être - to be
étudier - to study
événement - event

évident - evident
exemple - example
explication - explanation
explorer - to explore

F
facile - easy
faim - hunger
faire - to do, make
fait - does, makes
famille - family
faut - must
félicitations - congratulations
fériés - holidays
festivals - festivals
feuille - leaf
film - film
fils - son
fleuve - river (that flows into the ocean)
foot - soccer
forme - form
formidable - wonderful
frère - brother
français - French
francophones - French-speaking
frappe - knock

frontière - border

G
garçons - boys
génial - awesome
géographie - geography
grand - big
graphique - graphic
groupe(s) - group(s)

H
habitants - residents
habite - live/s
heure - hour
hiver - winter
hôpital - hospital
hourra - hurray

I
idée - idea
il - he
ils - they
image - image
immédiatement - immediately
important - important
indépendance - independence
information - information
intéressant - interesting
invitation - invitation
invite - invite/s
inviter - to invite
invité - invited

J
j'/je - I
jeudi - Thursday
jeunes - young
joue - play/s
joué - played
jouer - to play
jouons - let's play
jour(s) - day(s)
journée - day

L
l'/la/le - the
langues - languages
les - the
lis - read
lui - to him
lundi - Monday

M
m'/me - me
ma - my
madame - missus

mai - May
main(s) - hand(s)
maintenant - now
mais - but
maison - house
maman - mom
manger - to eat
mangé - ate
marche - walk/s
mardi - Tuesday
marques - brands
marron - brown
match - game
matin - morning
merci - thank you
mercredi -
    Wednesday
mère - mother
mes - my
météo - weather
    report
métiers -
    professions
mettra - will put
mexicains -
    Mexicans
Mexique - Mexico
miam - yum
mode - way
moi - me
mois-ci - this month
moment - moment
mon - my

morue salée -
    salted cod (type
    of fish)
musique - music

N
n'/ne - not
nécessaire -
    necessary
ni - nor
noirs - black
nombre - number
non - no
nos - our
note - note
nourriture - food
nous - we
nouveau - new
nouvel – new
nouvelles - news
numéro – number

O
occasion(s) -
    occasion(s)
OK - OK
on - we
onze - eleven
organiser - to
    organize
originaire - native
ou - or
où - where

ouais - yeah
oui - yes
ouvre - open/s

P
papier - paper
par - by
parc - park
parce que - because
parents - parents
parle - speak/s
parler - to speak
partage - share/s
partager - to share
partie - part
pas - not
passer - to spend time
pate kòde - savory pastry filled with spiced ground meat or salted cod.
pays - country
pendant - during
période - period
personne(s) - person(s)
personnelle - personal
petit/e - small
peut - can

phrases - sentences
pizza(s) - pizza(s)
pizzeria - pizzeria
(s'il te) plaît - please
plus - more
plusieurs - several
population - population
porte - door
poser - to ask
possible - possible
pour - for
pourquoi - why
préféré/e - favorite
près - near
première - first
prends - take
prépare - prepare(s)
preparé/e - prepared
préparer - to prepare
printemps - spring
problème - problem
prof - teacher
projet(s) - project(s)

Q
qu' - what
quatre - four
que - that

quel/le(s) - what
question(s) – question(s)
qui - who
quoi - what

R
raison - reason
réalité - reality
récré - recess
récréation - recess
République dominicaine - Dominican Republic
rentre - return/s
retrouver - to find
(au) revoir - good-bye
rien - nothing
rivière - river (that doesn't flow into the ocean)

S
sa - his/her
sac à dos - backpack
sais - know
saisons - seasons
salut - hi
samedi - Saturday
semaine - week
semblables - similar

ses - his/her
seul - alone
seulement - only
si - if
silence - silence
similaires - similar
six - six
sommes - are
son - his/her
sorte(s) - kind, type
sport(s) - sport(s)
spécial/e(s) - special
stylo - pen
suis - am
super-héros - superheroes
sur - on
sympa - nice

T
ta - your
tableau - board
tante(s) - aunt(s)
te - you
téléphone - telephone
tes - your
toc - knock
toi - you
ton - your
toujours - always
tous - all

tout/e(s) - all
tout le monde - everyone
très - very
traditions - traditions
travail - work
travaille - work/s
travaillent - work
travailler - to work
trois - three
tu - you

U
un/e - a, an

V
va - goes
vais - go
vas - go
vendredi - Friday
venir - to come
vers - towards
vêtements - clothing
veut - wants

veux - want
viande hachée - ground meat
victoire - victory
vie - life
vient d'arriver - just arrived
village - village
ville(s) - city(ies)
voici - here
voiture - car
vont - go
vos - your
voudrais - would like
vous - you (plural)
vrai - true
vu - saw

Y
y - there
 il y a - there is
yeux - eyes

ABOUT THE AUTHOR

Jennifer Degenhardt taught high school Spanish for over 20 years and now teaches at the college level. At the time she realized her own high school students, many of whom had learning challenges, acquired language best through stories, so she began to write ones that she thought would appeal to them. She has been writing ever since.

Other titles by Jen Degenhardt:

La chica nueva | *La Nouvelle Fille* | <u>The New Girl</u> | *Das Neue Mädchen* | *La nuova ragazza*
La invitación | *L'invitation* | <u>The Invitation</u>
Salida 8 | *Sortie no. 8* | Exit 8
Raíces
La invitación

Chuchotenango | La terre des chiens errants | La vita dei cani

Pesas | Poids et haltères | <u>Weights and Dumbbells</u> |*Pesi*

LUIS, un soñador | Le rêve de Luis | <u>Luis, the DREAMer</u>

El jersey | <u>The Jersey</u> | *Le Maillot*

La mochila | <u>The Backpack</u> | *Le sac à dos*

Moviendo montañas | Déplacer les montagnes | <u>Moving Mountains</u> | *Spostando montagne*

La vida es complicada | La vie est compliquée | <u>Life is Complicated</u>

La vida es complicada Practice & Questions (workbook)

El Mundial | La Coupe du Monde | <u>The World Cup</u>

Quince | <u>Fifteen</u> | *Douze ans*

Quince Practice & Questions (workbook)

El viaje difícil | Un voyage difficile | <u>A Difficult Journey</u>

La niñera | <u>The Nanny</u>

¡¿Fútbol…americano?! | Football…américain ?! | <u>Soccer->Football??!!</u>

Era una chica nueva

Levantando pesas: un cuento en el pasado

Se movieron las montañas

Fue un viaje difícil

¿Qué pasó con el jersey?

<u>The Meaning You Gave Me</u>

Cuando se perdió la mochila

Con (un poco de) ayuda de mis amigos | <u>With (a little) Help from My Friends</u> | *Un petit coup de main amical | Con (un po') d'aiuto dai miei amici*

La última prueba | <u>The Last Test</u>

Los tres amigos | <u>Three Friends</u> | *Drei Freunde | Les trois amis*

La evolución musical

María María: un cuento de un huracán | <u>María María: A Story of a Storm</u> | *Maria Maria: un histoire d'un orage*

Debido a la tormenta | <u>Because of the Storm</u>

La lucha de la vida | <u>The Fight of His Life</u>

Secretos | Secrets (French) | <u>Secrets Undisclosed</u> (English)

Como vuela la pelota
Cambios | Changements | <u>Changes</u>
*De la oscuridad a la luz | <u>From Darkness into Light</u> | Dal buio
alla luce | De la obscurité à la lumière | Aus der Dunkelheit
ins Licht*
El pueblo | <u>The Town</u> | Le village

@JenniferDegenh1

@jendegenhardt9

@PuentesLanguage &
World LanguageTeaching Stories (group)

Visit www.puenteslanguage.com to sign up to receive
information on new releases and other events.

Check out all titles as ebooks with audio on
www.digilangua.net.

57

ABOUT THE ILLUSTRATOR

Spencer Stickles is a 15-year-old high school student from upstate New York. He has a true passion for art, especially drawing and painting. When he's not expressing his creativity on canvas, he loves to ride his horses and travel to new places. Spencer takes his studies seriously and is dedicated to excelling in school. His interest in biology fuels his ambition to pursue a future career as a veterinarian, where he can combine his love for animals and his scientific curiosity.

ABOUT THE EDITOR

Françoise "Swaz" Piron was born and raised in Geneva, Switzerland, the daughter of a French mother and a Belgian father. She taught French (and German) at South Jefferson CSD for 35 years and retired in June 2021. She is a member of several world language teacher organizations, including ACTFL, NYSAFLT and AATF. She was a regular item writer and consultant at the NYS Education Department for the two French state exams for over 20 years. Swaz has presented numerous workshops at the local, state and national levels. She is the recipient of several NYSAFLT awards, was named "Chevalier dans L'Ordre des Palmes Académiques" by the French Ministry of Education and is the co-author of the book "*World Class, the Re-education of America*". When she is not proofreading or translating readers, she can be found doing outdoor activities, reading or working as a server in a local restaurant.

ABOUT THE CONTRIBUTORS

Lorraine Warner, Gavin Warner

Lorraine Warner is a former grant writer and high school Spanish teacher. She collaborated with Jen Degenhardt on this novel after sharing the story of the friendship between her son, Gavin, and Robert. They continue to be friends, and at the time this novel was published were juniors at Ichabod Crane High School. Lorraine now teaches college Spanish classes online. She lives in Valatie, New York with her family, two cats, and five chickens.

Michael Rodrigue, a student in Lorraine Warner's Spanish 2 classat Ichabod Crane High School in Valatie, NY at the time, was instrumental in providing the graphic organizer (p. 10). His work was only edited for grammar and clarity.

MEET THE FRIENDS WHO INSPIRED THE ORIGINAL STORY

Robert Vazquez-Orozco & Gavin Warner